AF279046

L'ASSEMBLÉE
CONSTITUANTE
LA RÉPUBLIQUE

ET

LE PARTI CONSERVATEUR

PAR

PAUL GARBOULEAU

Docteur en droit
Membre de la Société d'économie politique de Paris

PRIX : 50 CENTIMES
Vendu au profit des blessés

MONTPELLIER
EN VENTE CHEZ TOUS LES LIBRAIRES
1870

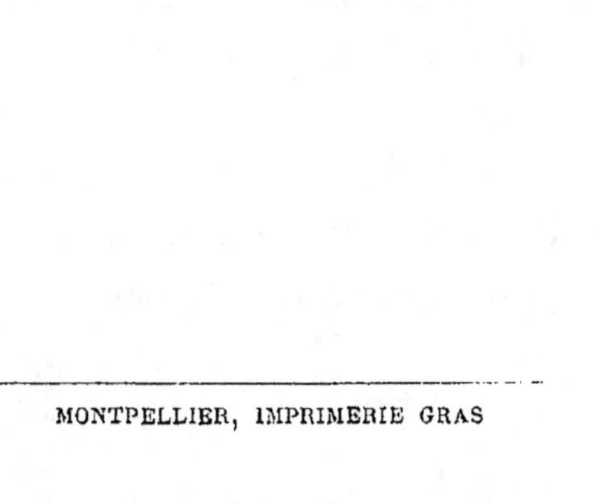
MONTPELLIER, IMPRIMERIE GRAS

L'ASSEMBLÉE CONSTITUANTE
LA RÉPUBLIQUE
ET
LE PARTI CONSERVATEUR

L'empire, après avoir précipité la France dans un abîme sans fond, est tombé sous la honte et le mépris de tous.

Les hordes prussiennes ont envahi le sol de la patrie et le saccagent sans merci.

Un gouvernement provisoire de défense nationale s'est formé et régit la France au nom de la République.

Dans cet effondrement général, les questions les plus graves se dressent toutes à la fois.

Étranger à refouler, gouvernement à établir, administration à réformer, questions sociales à résoudre : tout est à faire, tout est à reconstituer.

La situation est critique, la tâche est immense ; mais, avec l'aide de Dieu, elle n'est pas au-dessus des forces de la France.

C'est le moment pour tout cœur patriote de se recueillir, et d'apporter dans la mesure de ses forces son concours à la chose publique.

Deux questions, la défense du pays et la forme du

gouvernement, priment toutes les autres, et s'imposent nécessairement les premières à nos préoccupations. Elles réclament une solution immédiate.

La défense nationale exige les efforts les plus vigoureux et une activité incessante.

Il est peut-être à regretter qu'il n'y ait pas plus d'unité et de suite dans l'organisation de l'armement, et que le temps que le soldat passe dans les dépôts à attendre son complet équipement ne soit pas mieux employé pour son instruction militaire ; mais de pareils sujets exigent des connaissances spéciales et techniques qui nous manquent. Il ne nous appartient donc pas de nous en occuper. C'est aux hommes du métier à remplir cette tâche. Puissent-ils être à la hauteur de leur importante mission !

Cette première question écartée, reste la seconde, que nous nous proposons d'examiner : la forme du gouvernement que la France va être appelée à se donner, la convocation des électeurs pour l'Assemblée constituante étant imminente (1).

Demandons-nous sans passion et recherchons froidement quel est, dans l'état actuel de la France, le gouvernement le plus conforme à ses aspirations, celui qui peut le mieux et le plus facilement assurer d'une manière stable l'ordre et la sécurité publique.

On peut compter aujourd'hui en France quatre partis : les légitimistes, les orléanistes, les républicains et les conservateurs. Nous n'avons pas à nous occuper du

____

(1) Les électeurs sont convoqués pour le 16 octobre.

parti bonapartiste, qui n'existe plus. Il n'est pas un Français digne de ce nom qui puisse songer à la restauration de Napoléon III ou de sa famille.

Les légitimistes et les orléanistes veulent la monarchie héréditaire.

Les républicains demandent le gouvernement du pays par le pays, à l'aide d'un pouvoir électif.

Dans ce parti, il faut classer dans une catégorie spéciale les anarchistes, qui ne désirent que le désordre et le pillage. Ils ne méritent pas le nom de parti, mais il est bon de les distinguer et de ne pas les confondre avec les républicains, car la république ne compte pas de plus dangereux ennemis ; ce sont toujours eux qui, s'abritant sous sa bannière, ont amené sa chute par leurs excès.

Les conservateurs se composent de tous les gens d'ordre qu'aucune forte conviction politique ne rattache à telle ou telle forme de gouvernement ; ils se rallient à celle qui leur offre le plus de garanties pour l'ordre et la sécurité. Comme ils sont les plus nombreux en France, ils assurent le pouvoir au gouvernement qu'ils appuient.

Deux formes de gouvernement sont donc en présence :

La monarchie héréditaire et la république.

Quelle est, dans les circonstances actuelles, le rôle que pourrait jouer le parti conservateur ? A laquelle de ces deux formes de gouvernement doit-il se rattacher ?

Théoriquement, la république serait la forme de gouvernement qui devrait être préférée. Le gouvernement du pays par le pays et pour le pays, à l'aide de chambres et d'un pouvoir élu pour une période de peu de durée, est, au point de vue philosophique, préférable à la monarchie héréditaire, qui expose un pays à voir ses destinées entre les mains d'un souverain incapable ou pervers.

Avec un gouvernement républicain fortement constitué, le favoritisme, la corruption et les abus dont nous venons de souffrir si cruellement sont plus faciles à éviter qu'avec une monarchie héréditaire. « La vertu , dit Montesquieu (1), est le principe du gouvernement démocratique; elle n'est pas le principe du gouvernement monarchique. »

Théoriquement toujours, et dans un pays aussi démocratisé que la France, la république est la meilleure forme de gouvernement. Le gouvernement monarchique y manquerait de base, car il suppose des prééminences, des rangs et même une noblesse d'origine (2) qui n'existent plus chez nous.

Enfin, pour terminer ce parallèle entre les deux formes de gouvernement, il est un dernier point qui appelle toute notre attention : c'est l'hérédité.

L'hérédité, qui est la base de la monarchie, qui fait sa principale force, parce qu'elle présente l'avantage d'assurer la transmission du pouvoir sans secousses ni révolutions, est-elle possible, en 1870, comme principe de gouvernement ? La constitution d'un pouvoir mo-

(1) *Esprit des lois*, t. 1, liv. 3, chap. 3 et 5.
(2) *Id.*, chap. VII.

narchique héréditaire est-elle destinée à *clore l'ère des révolutions?*

La France, depuis près d'un siècle, a été tellement tourmentée et bouleversée, qu'aujourd'hui un seul principe reste debout en matière de gouvernement.

C'est le principe de la souveraineté nationale. Or comment concilier la souveraineté nationale avec l'hérédité? Vous porterez au trône telle ou telle famille à laquelle vous conférerez la royauté héréditaire; vous le ferez avec toute la sincérité possible; vous lui prêterez serment de fidélité sans arrière-pensée, avec la ferme intention de le tenir. Mais la génération à venir? pouvez-vous la lier? en avez-vous le droit, et surtout en avez-vous le pouvoir?

Supprimerez-vous le principe de la souveraineté nationale?

Est-ce possible?

Les idées démocratiques ont fait un énorme chemin; elles ont tellement pénétré dans les masses, qu'il faut compter avec elles. Est-ce un bien? est-ce un mal? En tout cas, c'est un fait que l'on ne peut méconnaître, et le jour où la majorité de la nation française voudra réellement une chose, tous les principes contraires, qu'ils soient inscrits dans des chartes ou des constitutions, crouleront à l'instant.

Si l'hérédité, cette base nécessaire de la monarchie, qui rend cette forme de gouvernement si avantageuse, ne peut en fait être imposée à la nation française pour l'avenir; si à la mort de chaque roi le peuple a le droit ou la puissance de faire acte de souveraineté, que reste-t-il de la monarchie?

Une monarchie à vie, c'est-à-dire une sorte de république, avec un président à vie, forme de gouvernement des plus dangereuses, à cause de la possibilité de la dictature. L'expérience que nous venons de faire du gouvernement personnel est trop cruelle pour que nous n'évitions pas, avec le plus grand soin, de tomber dans le même écueil.

D'ailleurs, et en pratique, comment établir une royauté aujourd'hui sans les plus graves dangers pour la sécurité publique ? N'y a-t-il pas à craindre une guerre civile, avec son lugubre cortége de victimes et de proscriptions? Assez de Français sont déjà tombés et tomberont, hélas ! encore sous les balles prussiennes, pour que nous n'allions pas, de gaieté de cœur, augmenter le nombre de ces douloureuses hécatombes.

Mais, si la monarchie héréditaire ne paraît pas être un gouvernement approprié à l'état actuel de la France; si, au contraire, la république est la forme de gouvernement la plus rationnelle, comment se fait-il qu'elle n'ait pu s'établir d'une manière durable dans notre pays?

La réponse est selon nous facile, et c'est ici que le parti conservateur nous semble appelé à jouer un grand rôle, car il dépend de lui de constituer une république française pleine d'avenir et de vie.

Toutes les tentatives pour établir la république ont échoué jusqu'à ce jour, et tant que les choses resteront dans le même état elles échoueront toujours, à cause de la composition du parti républicain, qui rend profondément vraie cette phrase, qui a l'air d'un jeu de mots, « qu'en France tout le monde voudrait la république, mais sans les républicains. »

C'est que, en effet, on n'a qu'à jeter les yeux sur ce parti et à examiner les éléments dont il se compose pour se rendre parfaitement compte de ce qui s'est passé, de ce qui se passe maintenant, et de ce qui se passera toujours, tant qu'il n'y aura pas de modification dans sa composition.

C'est là qu'est le vice, c'est à ce mal qu'il faut porter remède, si l'on veut que la république soit possible.

Le parti républicain se compose de deux fractions fort différentes en nombre.

D'un côté les républicains honnêtes, en minorité, qui veulent la république avec la liberté ; de l'autre, et de beaucoup les plus audacieux, les anarchistes, gens essentiellement autoritaires, qui espèrent trouver dans le désordre et le pillage et dans une prétendue liquidation sociale les moyens de satisfaire leurs appétits désordonnés.

C'est de la réunion de ces deux éléments essentiellement disparates — les vrais républicains, qui représentent la liberté, et les anarchistes, qui représentent le pire des despotismes — que vient tout le mal, et c'est cette cause, et cette cause unique, qui a amené et amènera toujours la chute de la république après quelques mois d'essai.

Mais, dira-t-on, pourquoi les républicains ne répudient-ils pas hautement tout concours de la part des anarchistes ? Par une indispensable nécessité.

En France, le parti républicain est encore aujourd'hui très-peu considérable, et, seul, il ne peut rien.

Il est donc obligé de s'appuyer sur les anarchistes, que l'on est toujours sûr de voir accourir au mot de république, ce mot signifiant pour eux : révolution, anarchie et pillage. Ils ne sont pas, eux non plus, très-nombreux ; mais par le bruit qu'ils font, par les lugubres et sanglants souvenirs qu'ils évoquent, ils cherchent à remédier par la terreur à leur infériorité numérique.

Arrivés au pouvoir avec l'aide des anarchistes, les républicains honnêtes, quoique animés des meilleures intentions, sont obligés malgré eux de les ménager et de donner certaines satisfactions à cette queue du parti, qui les déborde dès le jour de leur entrée en fonctions.

C'est alors que l'on voit se produire tous ces appétits, toutes ces ambitions désordonnées ; c'est alors que l'arbitraire le plus absolu, si profondément opposé au principe même de la république, règne avec toutes ses exagérations et laisse loin derrière lui les traditions du gouvernement le plus despotique.

Les exemples abondent, et, sans avoir besoin de remonter en 1848, nous n'avons qu'à jeter les yeux autour de nous pour y puiser à cet égard les leçons les plus instructives.

Jamais ne pourra s'offrir une plus belle occasion pour établir et faire aimer la république, que celle dans laquelle le parti républicain a assumé la lourde responsabilité de la défense nationale. En présence d'une invasion terrible, dans un moment où le concours de tous les partis était acquis au gouvernement pour chasser l'étranger, où ce gouvernement lui-même ne demandait qu'à y consacrer toute son énergie et toute son activité, il n'a pas pu imposer silence à l'impatience de son parti. Il s'est vu contraint de distraire une partie de son temps des affaires militaires, pour s'occuper de questions administratives qui n'avaient aucun rapport avec la défense du pays.

Dans les départements, les administrateurs provisoires ou les préfets ont été contraints d'user de leurs pleins pouvoirs pour satisfaire ces exigences :

Suspension des conseils municipaux élus depuis un mois à peine, nomination de commissions municipales, révocation de fonctionnaires, destitution de ceux mêmes dont les fonctions sont étrangères à la politique, mais qui avaient le tort de ne pas professer une grande admiration pour toutes ces mesures arbitraires.

Dans d'autres centres, la queue du parti a exigé plus encore ; et, quand les administrateurs ont refusé de marcher avec eux, les anarchistes ne se sont pas fait faute d'emprisonner ou de tenir en charte privée les représentants du gouvernement et les honnêtes gens de leur propre parti ; ils ont alors constitué des gouvernements locaux, et l'on a même pu voir le moment où un prétendu général allait s'emparer de la dictature dans le midi de la France.

Ce qu'il y a de curieux et ce qui doit être un sujet fécond d'observation, c'est la conduite des républicains honnêtes quand ils se sentent débordés.

Dans ces circonstances graves, lorsque les exigences

des anarchistes prennent des proportions telles que la sécurité publique n'est plus protégée, *c'est aux bons citoyens* que les vrais républicains font appel; c'est sur eux qu'ils comptent pour rétablir l'ordre, et c'est effectivement par eux que l'ordre est rétabli. C'est ce qui vient de se passer à Lyon et ailleurs.

N'est-ce pas une leçon? et les vrais républicains peuvent-ils ignorer que ce n'est pas en suivant une voie qui leur aliène le concours des honnêtes gens, qui ne sont pas des *purs* aux yeux de leur parti, qu'ils pourront fonder la république? Non. Ils savent bien que ce n'est pas lorsqu'elle aura été compromise par des énergumènes que l'appel fait au concours de tous pourra la sauver. Sans doute, l'ordre sera rétabli, mais la république, rendue responsable de ces désordres, sera fatalement condamnée à disparaître Ils en sont convaincus, mais ils comptent toujours pouvoir dominer les anarchistes. Vain espoir! Malgré tout leur désir, ils ne peuvent se passer de leur appui; ils sont trop peu nombreux pour aborder sans eux le scrutin électoral : il faut dès lors compter avec eux.

La république n'est évidemment pas possible dans de semblables conditions.

Ceux qui persistent à vouloir l'établir avec de pareils éléments tournent dans un cercle vicieux. Pour arriver au pouvoir, ils sont obligés, à cause de leur petit nombre, de s'appuyer sur les anarchistes; une fois au pouvoir, ils ne peuvent s'en séparer, et bientôt, débordés par eux et sous leur pression, ils prennent des mesures qui amènent la chute inévitable de la république.

Nous en avons déjà fait deux fois l'expérience; pour

peu que les choses continuent de la sorte, nous l'aurons bientôt faite pour la troisième fois. Ce qui a tué déjà deux fois la république, c'est la queue du parti républicain, et c'est cette même queue qui la tuera pour la troisième fois si l'on n'y prend garde.

Et cependant il serait facile d'arriver en France à l'établissement durable de la république, cette forme de gouvernement si philosophique, si rationnelle, si bien appropriée à nos mœurs démocratiques.

Pour constituer solidement la république, il suffirait de la débarrasser de l'élément délétère qui la corrompt dès sa naissance.

Pour cela il n'y aurait qu'à augmenter, dans des proportions considérables, les rangs des républicains honnêtes. Une fois en nombre suffisant, ils n'auraient qu'à désavouer l'anarchie, dont le concours ne leur serait plus nécessaire désormais. Toute équivoque étant écartée, les anarchistes sauraient qu'ils doivent prendre un autre drapeau (le drapeau rouge s'il leur convient), le drapeau tricolore de la nouvelle République française ne voulant plus les abriter sous ses plis.

Effrayés de leur isolement dans la France, foncièrement honnête et conservatrice, les perturbateurs de l'ordre public se hâteraient de rentrer dans l'ombre. Désormais noyés dans le grand parti de la république, composé de tous les gens d'ordre et de liberté, où la faiblesse de leur nombre les rendrait impuissants, ils finiraient par comprendre bientôt que ce n'est pas à une agitation stérile, mais au travail et à l'épargne,

qu'ils doivent demander les moyens de vivre honora-
blement.

Ce moyen de mettre fin à nos révolutions et de constituer d'une manière définitive un gouvernement
stable, le grand parti conservateur, qui est en France
le plus nombreux, l'a entre les mains.

Que ce parti fasse aujourd'hui un grand acte patrio-
tique en prenant nettement une couleur politique.

Qu'il devienne le grand parti républicain, qu'avec
l'aide des honnêtes gens de l'ancien parti de ce nom il
fonde la République française, en répudiant hautement
et énergiquement tout appui de la part des fauteurs
de désordre et d'anarchie.

C'est au moment où la nation va être appelée à nom-
mer la Constituante que le parti conservateur doit examiner la situation et se demander si, en proclamant
d'une seule voix la République, il n'étabirait pas enfin
en France un gouvernement solide et durable : un
gouvernement solide, parce que, en l'appuyant, il le
rendrait invincible, tant vis-à-vis des ennemis du de-
dans que vis-à-vis des ennemis du dehors ; un gouvernement durable, parce qu'il laisserait la carrière ouverte
à toutes les intelligences, et qu'il n'y aurait pas de place
avec lui pour le favoritisme et les autres abus.

Quelles devraient être les bases de la Constitution
de la nouvelle République française ?

Un projet de constitution ne saurait être élaboré en
quelques heures, car, pour faire quelque chose de sérieux
et d'utile, notre organisation actuelle doit être pro-

fondément remaniée. Il ne servirait de rien de remplacer les personnes si les fonctions devaient rester les mêmes ; un simple changement d'étiquette, sans changement dans les choses, n'aurait aucun résultat, et nous verrions se reproduire sous un autre nom les mêmes abus que par le passé.

Il s'agit d'une société à reconstituer et d'un pays à régénérer.

Si un pareil travail exige de longues veilles, on peut cependant, d'ores et déjà, indiquer deux ou trois des principes qui devraient servir de base.

Il importerait tout d'abord de se prémunir contre les dangers d'une dictature. Pour cela, il ne faudrait pas de président de la République : il faudrait un gouvernement composé de plusieurs membres (cinq ou neuf par exemple), qui choisiraient eux-mêmes leur président. Ils seraient nommés pour cinq ans par les Chambres, l'élection par le pays pouvant leur donner une importance considérable.

Il y aurait deux chambres : l'une, l'Assemblée législative, élue par le suffrage universel pour une durée de cinq ans ; l'autre, devant servir de tempérament à la tendance d'une assemblée unique vers la dictature, serait composée des citoyens qui auraient rempli certaines fonctions d'un ordre élevé, pendant un nombre d'années déterminé.

Le gouvernement devrait être nommé au moment de l'entrée en fonctions de l'Assemblée législative ; de la sorte, ses pouvoirs et ceux de la chambre commenceraient et finiraient en même temps. On aurait par ce moyen un gouvernement qui serait toujours l'exacte représentation de la volonté de la nation.

Une autre modification importante qui devrait trouver place dans la Constitution nouvelle, et celle-là la plus importante peut-être par les résultats qu'elle serait appelée à produire, consisterait à enlever au gouvernement la nomination aux emplois, pour donner toutes les fonctions au concours et à l'élection, suivant les cas à déterminer.

Ce ne seraient plus dès lors la faveur et la protection qui distribueraient les places; elles seraient attribuées au mérite. Le travail y trouverait un puissant stimulant; le gouvernement n'aurait plus le moyen de se faire de nombreuses créatures, et les fonctionnaires seraient désormais de véritables citoyens.

Assise sur de tels fondements, la république française aurait peut-être une longue durée.

L'ordre et la sécurité publique étant sérieusement garantis, le nouveau gouvernement, à l'abri de coups d'état, exempt des abus nombreux qui ont amené la chute des régimes précédents, attirerait peu à peu à lui tous les partis opposés.

Et la France, délivrée pour toujours de ces mesures révolutionnaires, qui faisaient pour elle un épouvantail de la république, n'irait plus, affolée de terreur, se jeter dans les bras du premier dictateur venu.

Montpellier, le 2 octobre 1870.

Montpellier, impr Gras.

www.ingramcontent.com/pod-product-compliance
Lightning Source LLC
Chambersburg PA
CBHW071703030726
47598CB00005B/2205